GUIA DE
DECORACIÓN
DE UÑAS

AUTORAS:

María Núñez Muro
Blanca López-Beltrán García
Directoras de: Nails Zen y Centro de Estudios Profesionales en Manicura, Pedicura, Escultura y Decoración (CEPED).

COORDINACIÓN:

Encarnación Villasevil Nodal

TÉCNICOS COLABORADORES:

María del Carmen Moreno Cabrera. Profesional con más de quince años experiencia. Dirige una escuela de Formación de grado medio y superior de Estética. Es técnico especializado en formación de formadores de reconocidas marcas a nivel nacional e internacional.

Carmen Gamero López. Técnico especialista con mas de 15 años de experiencia como profesional y formadora. Master artistic educator de Ez Flow y Directora de un centro de Formación en Valencia. Campeona de España en Inlay 2008.

Rosa Asensio Albajar. Técnico de uñas con más de años 11 años de experiencia. Se ha formado con las mejores firmas y dirige en la actualidad un Centro de Formación y Distribución especializado en el cuidado de manos y pies en Zaragoza.

María del Pilar Tevar Navarro. Técnica y especialista en uñas esculpidas y decoración con más de 15 años de experiencia. Formadora en distintas marcas americanas y especialista en acrílico, gel y decoración de uñas. Dirige un centro de uñas propio en Madrid.

Lucía Cruz Saura. Técnico y educadora profesional en el mundo de las uñas con mucha experiencia y especializada en diferentes técnicas de decoración de distintas marcas. Dirige un centro de uñas propio en Granada.

Ainoha Nieto-Márquez Cabello. Técnico especialista en uñas de gel y decoración de uñas con gel y esmalte.

Mónica Fernanda Betacoor Gaitán. Técnico de uñas con mucha experiencia especializada en manicura, pedicura y decoración con esmalte. Actualmente trabaja como técnico en Madrid en una importante marca comercial.

Janeth Ortiz. Técnico especializada en uñas y decoración con esmaltes.

Edición:
J. Martínez Retuerto

Corrección:
Rosa Iglesias Molina

Fotografía:
Diego Hernández Milané

Diseño y maquetación:
PeiPe sl

Impresión:
Grtáficas Monterreina

Copyright 2011 por editorial VIDEOCINCO
Teléfono: 915 429 352. Fax: 915 429 590 www.videocinco.com

ISBN 978-84-96699-78-6
Depósito legal: M-3513-2011
Impreso en España: Printed in Spain

GUÍA DE DECORACIÓN DE UÑAS

VIDEOCINCO EDITORIAL

Teléfono: 915 429 352. Fax: 915 429 590
Teléfono de pedidos y atención al cliente: 915 411 034
www.videocinco.com

ÍNDICE

4. Mezclando técnicas: ideas para un sinfín de diseños

5. Novias… creaciones muy especiales

1 UÑAS QUE MARCAN ESTILO

La decoración de uñas es una actividad que en la actualidad tiene un gran crecimiento y las expectativas de desarrollo de este mercado en los próximos años son espectaculares.

Tener unas manos cuidadas y unas uñas bien maquilladas proporciona un toque de elegancia y distinción.

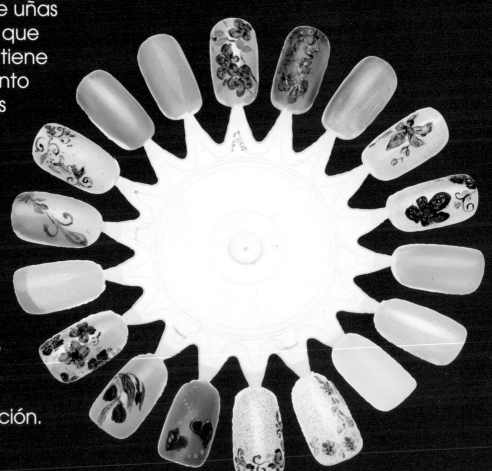

Las manos transmiten
la imagen y la personalidad
de cada uno de nosotros.

> *TUNNING* Y CREATIVIDAD

Cada vez más, las tendencias actuales nos invitan a entrar en el mundo de las uñas decoradas. Y la decoración tiene mucho que ver con la utilización de las distintas técnicas, con la creatividad y con la moda.

La forma más habitual de decoración es que el profesional, e con un pulso envidiable, decore las uñas sin ningún tipo de molde ni plantilla, como si pintara un cuadro, creando diseños con distintas técnicas y, en la mayoría de los casos, de forma individualizada.

También se puede optar por modelos definidos y estandarizados que se pueden encontrar en algunos salones de belleza y centros especializados en manicuras y pedicuras.

Podremos decorar todas las uñas o una sola. Podremos realizar diseños de flores, figuras geométricas, corazones, animales...

En esta GUÍA DE DECORACIÓN vamos a desarrollar un amplio abanico de posibilidades y creaciones aplicando varias técnicas. Esto nos va a proporcionar el conocimiento necesario para desarrollar nuestra creatividad y poder hacer decoraciones totalmente individualizadas y personalizadas. Cada una de ellas será una obra de arte única. *El arte del tunning.*

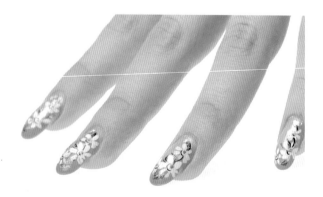

…os proponemos la base para poder dar rienda suelta a la imaginación y desarrollar vuestra creatividad.

> DIFERENTES TÉCNICAS Y PRODUCTOS DE DECORACIÓN

Lo primero que se debe conocer son los distintos estilos que existen en el mercado, sus técnicas de aplicación y las principales características de cada una de ellas. Sólo así se podrá asesorar profesionalmente al cliente y recomendar aquellas que mejor se adapten a sus gustos y necesidades.

Dentro de la escultura y decoración de uñas, hay dos aspectos fundamentales para llegar a ser un buen técnico:

LA FORMACIÓN

Hay que conocer y trabajar bien las distintas técnicas, saber cómo esculpir correctamente una uña e ir más allá del paso a paso en la aplicación de un producto.

Un buen profesional debe invertir en formación. Para estar siempre al día en las últimas tendencias y técnicas tendrá que acudir a los cursos que precise, pero asesorándose muy bien de la calidad de los mismos, pues el objetivo de muchos cursillos es sólo vender productos.

A través de esta guía ofreceremos las diferentes técnicas, pasos a seguir, problemas que se pueden plantear y sus soluciones, aspectos que hay que tener presentes en decoración de uñas, y las recomendaciones y consejos de profesionales con gran experiencia.

EL PRODUCTO Y LA DECORACIÓN

• Hay muchísima variedad de productos para cada técnica; sus diferentes características condicionarán la calidad del trabajo. Para seleccionar aquellos productos que tengan las cualidades más óptimas se deben seguir estas pautas.

– **Utilizar productos de calidad,** con buenas composiciones. Existen productos de tercera generación tanto para acrílico, gel y esmaltado permanente que han mejorado considerablemente su formulación: son menos agresivos para la uña natural y, a la vez, más resistentes.

– Dentro de la técnica, habrá que elegir un **producto que sea fácil y rápido de aplicar,** que no de problemas. Esto es una ventaja muy grande no solo para el técnico sino también para el cliente, que nunca quiere complicaciones.

– Un aspecto muy importante es trabajar con **productos no tóxicos.** Sus efectos nocivos pueden tener repercusión, no sólo en el técnico que los manipula sino en los clientes a los que se los aplicamos. Es preciso informarse muy bien de su composición y de la inocuidad de cada uno de sus ingredientes.

recuerda

FORMACIÓN y PRODUCTO son dos palabras en el mundo de la decoración que deben ir totalmente unidas para destacar y diferenciarse en el mercado. Si tienes el mejor producto entre tus manos, conoces bien las técnicas y te has formado en el campo de la escultura, estarás lo suficientemente preparada para no tener problemas y trabajar con la seguridad que requiere y demanda el cliente en un servicio tan especializado como este. Para cada técnica hay productos con características diferentes, que explicaremos más adelante en el desarrollo de cada una de ellas.

> TENDENCIAS EN LA DECORACIÓN DE UÑAS

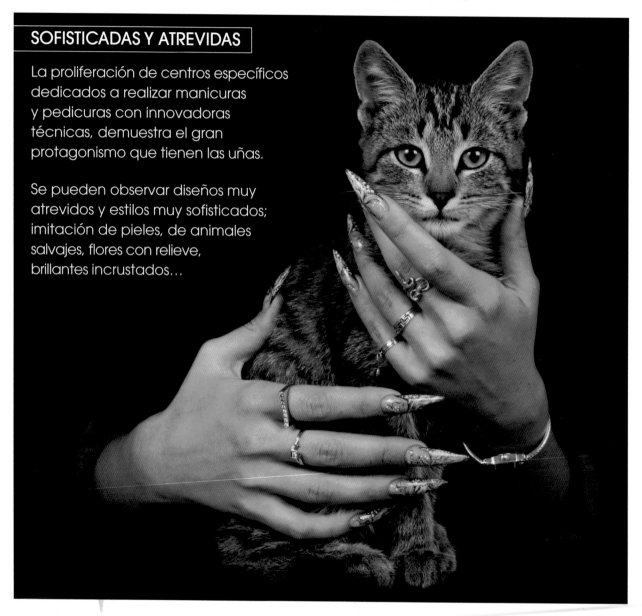

SOFISTICADAS Y ATREVIDAS

La proliferación de centros específicos dedicados a realizar manicuras y pedicuras con innovadoras técnicas, demuestra el gran protagonismo que tienen las uñas.

Se pueden observar diseños muy atrevidos y estilos muy sofisticados; imitación de pieles, de animales salvajes, flores con relieve, brillantes incrustados…

La decoración de
las uñas es también
una forma de marcar
un estilo personal
y diferenciarse
del resto.

ELEGANTES Y CON *GLAMOUR*

Sin llegar a estilos de tanta fantasía, cada día son más las clientas que desean llevar unas manos muy cuidadas, con las uñas bien recortadas y limadas, y un esmalte de larga duración que les favorezca y les permita realizar cómodamente las tareas habituales.

Este mercado también ha dejado de ser exclusivamente femenino; tanto mujeres como hombres valoran y cuidan cada vez más esta parte del cuerpo.

Ya sea por genética o por cualquier otra causa, es difícil poseer unas uñas bellas y armoniosas. Hoy, gracias a la escultura, cualquiera puede lucir unas uñas impecables, duraderas y absolutamente naturales.

recuerda

En la actualidad se usan muchos accesorios de belleza como cristales, pedrería, strass, brillos, esmaltes con escarches y una infinidad de pequeños ornamentos que garantizan a las mujeres lucir unas pequeñas obras de arte en sus uñas. Todo está adaptado a la moda de cada temporada, a los colores y tendencias que se imponen en cada estación.

Elaborar el diseño requiere tiempo, paciencia y buen pulso, además de una buena dosis de creatividad, perseverancia, buena formación y la utilización de los productos adecuados.

2 CREACIONES CON ESMALTE

El esmalte utilizado para la decoración
es un producto específico. Los motivos que
con esta técnica se pueden crear
dependerán, sobre todo, de la creatividad
e imaginación del profesional
y de la precisión y
limpieza en
la realización
del dibujo.

El diseño con esmalte
se renueva con apuestas
sencillas y originales.

> CUESTIONES PREVIAS

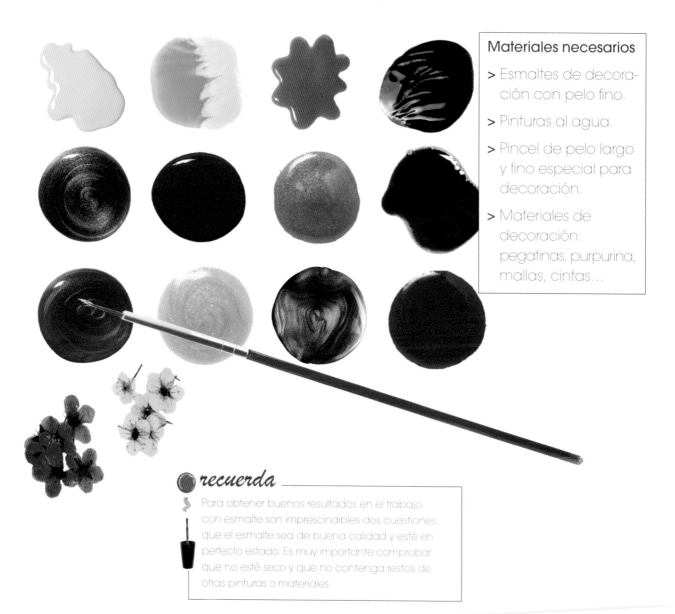

Materiales necesarios

> Esmaltes de decoración con pelo fino.

> Pinturas al agua.

> Pincel de pelo largo y fino especial para decoración.

> Materiales de decoración: pegatinas, purpurina, mallas, cintas…

recuerda

Para obtener buenos resultados en el trabajo con esmalte son imprescindibles dos cuestiones: que el esmalte sea de buena calidad y esté en perfecto estado. Es muy importante comprobar que no esté seco y que no contenga restos de otras pinturas o materiales.

Preparación de las uñas:

1. Aplicamos a la uña una base de esmalte protector.

2. A continuación esmaltamos la uña del color deseado y dejamos secar bien.

3. Sobre el esmaltado diseñamos la decoración: flores, dibujos, trazos...

4. Por último, una vez finalizado el diseño, aplicamos el brillo para sellar la decoración.

> TÉCNICAS Y MOTIVOS DECORATIVOS

Dependiendo de los pinceles, productos y técnicas podemos crear gran diversidad de decoraciones sobre esmalte.

FLORES

La decoración con flores es muy utilizada en los diseños de uñas y nos permite un sinfín de posibilidades. Para su realización se deben seguir estas pautas:

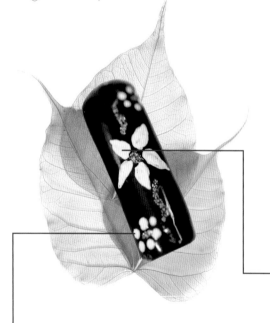

> En las pequeñas flores de los extremos los pétalos son puntos realizados con punzón. Los trazos con purpurina dorada completan el diseño.

> En esta decoración nos encontramos con dos tipos de flor. La de mayor tamaño se puede realizar con pintura acrílica base agua o base esmalte. Se marca el punto central de la flor con purpurina; después se van trazando los pétalos que están en posiciones enfrentadas; por último, se rellena el interior de los pétalos.

FLORES Y TRAZOS

La realización de trazos con esmalte es una técnica muy sencilla que, generalmente, forma parte de diseños con otros motivos. En estas decoraciones se han seguido las siguientes pautas:

1. Aplicamos base de esmalte. Podemos combinar más de un color.

2. Marcamos el punto donde queremos situar el centro de la flor.

3. Realizamos los pétalos centrales comprobando el espacio que dejamos para realizar los demás.

4. Por último, hacemos los trazos en el mismo color o elegimos otro distinto.

 *cómo hacer los trazos*

En la punta plana del palito de naranjo pegamos un pelito y lo mojamos con el producto que deseemos aplicar. Se apoya hacia el lado que se vaya a realizar el trazo y se desliza suavemente.

FLORES CON PUNTOS, TRAZOS, LÍNEAS Y CINTAS

> En estas decoraciones nos encontramos con flores hechas a base de puntos realizados con un palito de naranjo. Primero se realiza el punto y luego los pétalos enfrentados entre sí, como ya se ha explicado.

> Las combinaciones de color se realizan en este orden:

1. Se aplica el primer color de la base.

2. Se deja secar completamente.

3. Se aplica el segundo color con la forma que deseemos dar.

4. Una vez seco, se puede completar el diseño con otros motivos.

> En este ejemplo las líneas doradas que aparecen son cintas muy finas que se han realizado antes de la decoración. Para que se adhieran, se pegan a la base antes de que el esmalte se haya secado.

> En estos casos se ha realizado la decoración comenzando por los trazos blancos y luego se ha rellenado el espacio entre ellos con esmalte de purpurina.

FLORES CON PUNTOS, LÍNEAS Y TRAZOS

> Decoración marcando en blanco el borde del pétalo que luego se rellena con el mismo color u otro.

> Variantes sobre la manicura francesa:

1. Base de esmalte en color rosa claro.
2. Franja ancha en rosa más oscuro
3. Delimitación del borde libre con una línea blanca.
4. Por último, realización del diseño floral.

COMBINACIONES DE COLOR

Diseños con motivos florales en los que también se combina el color.

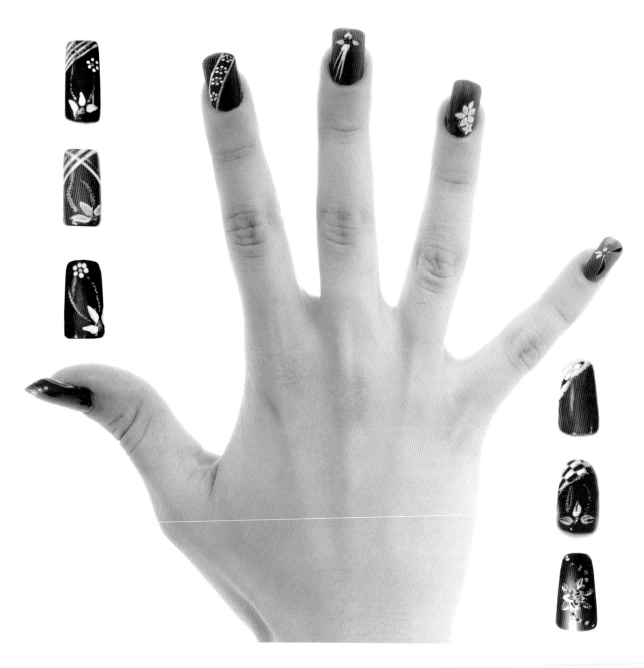

> Uña decorada sólo en el último tercio. Primero se han realizado los trazos blancos y, una vez secos, se han marcado los dorados. La decoración de la flor se ha conseguido con puntos realizados con palito de naranjo.

COMBINACIONES EN ROJO

Decoraciones con base de esmalte rojo sobre la que se han aplicado varias técnicas florales. Se ha empleado el color blanco con unos toques de purpurina.

CON AIRE ROMÁNTICO... FLORES Y CORAZONES

> Las pautas de realización de estas decoraciones ya se han explicado, sólo se cambia el color del esmalte base y con ello hemos creado estilos muy románticos, adecuados para una novia.

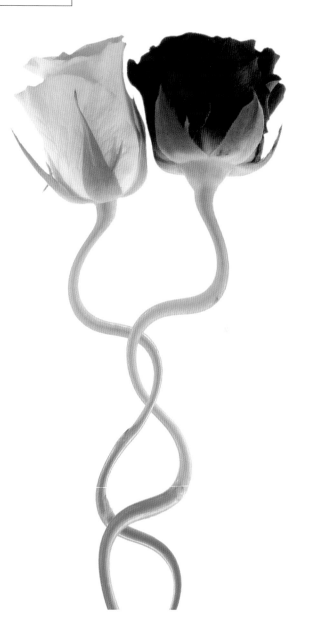

ESMALTADO CON PALMERAS

> Para decorar con palmeras seguimos este orden:

1. Hacemos la base del suelo.

2. Luego el trazo del tronco.

3. Después las hojas de la palmera.

4. Y, por último, dibujamos los motivos del paisaje.

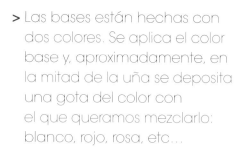

> Las bases están hechas con dos colores. Se aplica el color base y, aproximadamente, en la mitad de la uña se deposita una gota del color con el que queramos mezclarlo: blanco, rojo, rosa, etc…

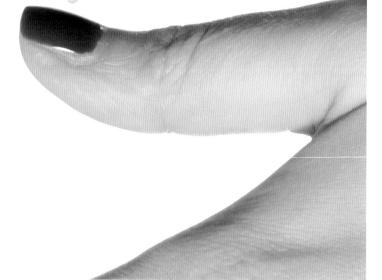

ESTILOS DESENFADADOS

> Es muy importante adaptar el diseño al estilo de la persona y a la circunstancia en que vaya a lucirse. Proponemos una serie de decoraciones con un toque personal y divertido para las más jóvenes.

> Es muy importante adaptar el diseño al estilo de la persona y a la circunstancia en que vaya a lucirse. Proponemos una serie de decoraciones con un toque personal y divertido para las más jóvenes.

> Entre capa y capa, el esmalte debe estar totalmente seco. Finalmente se aplicará siempre un producto para proteger la decoración.

1. Esmaltamos toda la uña en color blanco.

2. Comenzamos el diseño realizando el círculo de la cabeza en negro y luego el cuerpo.

3. Dibujamos los motivos rojos (falda y turbante).

4. Por último, aplicamos el resto de motivos del personaje.

ESMALTADOS CON MOTIVOS ANIMALES

ESMALTADOS CON TRAZOS Y FIGURAS GEOMÉTRICAS

> Un esmaltado muy sencillo coordinado con el maquillaje de fantasía.

> En este caso la decoración con esmalte está en armonía
con los tonos empleados en el maquillaje.

ESMALTADOS CON MALLAS

> La malla es un material que se puede utilizar entre las capas de esmalte para hacer diseños muy novedosos. También se puede combinar con el resto de las técnicas.

Para realizar decoraciones con mallas seguimos estos pasos:

1. Cortamos la malla en la forma y tamaño que vayamos a aplicar.

2. Aplicamos la base de esmalte.

3. Con el esmalte todavía húmedo se coloca la malla.

4. Una vez seco se realiza la decoración.

3 DECORACIONES CON GEL ACRÍLICO Y OTRAS TÉCNICAS

La decoración de las uñas se puede aplicar con: esmalte, gel, acrílico… y también mezclando productos y técnicas. Es el profesional quien, en cada caso, seleccionará la más adecuada de acuerdo al diseño que realice.

En esta Guía se desarrollan pautas a seguir en distintas decoraciones diseñadas por nuestros profesionales, que pueden servir de referencia o modelo y que se han dividido por temas y técnicas.

La decoración es un tema muy subjetivo y tan amplio como lo sea la imaginación y creatividad del técnico que la realice.

Materiales necesarios

> Punzón.

> Pincel fino de pelo largo.

> Geles de distintos colores, con purpurinas y brillos.

> Esmaltes de decoración.

> Material de decoración para encapsular: brillantes, flores secas, papel de periódico…

> Acrílico.

> Pinturas acrílicas.

> Torno.

> Distintos materiales para realizar diseños: papel troquelado, pan de oro, cristales de Swarovski, pequeños cristales o perlas…

> DECORACIÓN CON GEL

En la decoración con gel siempre hay que tener en cuenta que debemos trabajar sobre una base de gel para que resbale bien. Después, aplicaremos diferentes técnicas:

TRAZOS

Los trazos se realizan mediante movimientos con el pincel. Se deslizan unos sobre otros para crear distintos diseños.

> Aplicamos la base de gel (cama) sin meter en lámpara.

> Realizamos las líneas creando un hilo entre la base y los colores que vayamos introduciendo (de uno en uno).

> O bien con un pincel de decoración, punzón o un pincel de pelo largo se roza suavemente en una única dirección, las líneas de color que hemos creado.

> Secamos en lámpara.

Importante: realizar la decoración lo más rápido posible.

DEGRADADO CON COLORES Y PURPURINA

> Se realiza la base de gel.

> Secar en lámpara.

> Vamos a descargar en el borde libre más cantidad de purpurina deslizando suavemente hacia arriba de más a menos para crear el efecto de degradado.

> Secar en lámpara.

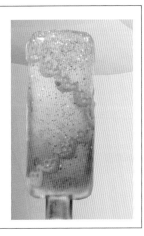

FLORES CON GEL DE COLOR

> Construimos las uñas con gel o con acrílico.

> Después del paso del limado, se elimina bien el polvo de la superficie de la uña y se eligen dos colores que contrasten para las flores y un verde para las hojas.

> Con el color más claro dibujamos unos puntos, encima de esos puntos aplicamos una gota con el color más oscuro.

> Con un pincel fino extendemos las gotas por el centro y por su contorno, curamos en la lámpara 30 seg.

> Aplicamos unas gotas en verde y las extendemos formando hojas. Curamos en la lámpara 3 min.

> Con pinturas de decoración de pincel muy fino contorneamos las flores y las hojas añadiendo también los detalles.

> Cubrimos con una capa de gel transparente no constructor y curamos en la lámpara UV 2 min.

> Eliminamos el residuo del gel y aplicamos aceite de cutículas.

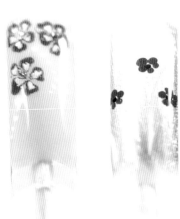

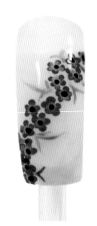

TÉCNICA DE DESCARGA

Tan sólo con descargar una gotita de gel de color sobre una base húmeda.

> Se realiza la base.

> Se descarga una gota de gel, dejándola caer a la superficie húmeda. Se puede introducir una gotita dentro de otra para obtener diferentes diseños.

> Secar en lámpara.

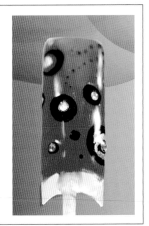

DIBUJOS ABSTRACTOS CON GEL

> Construimos las uñas con gel o con acrílico.

> Después del paso del limado quitamos bien el polvo y aplicamos un color como base. Con otro color y utilizando un pincel fino dibujamos líneas rectas que después mezclamos en diferentes direcciones.

> Curamos en la lámpara durante 3 min.

> Cubrimos toda la uña con gel transparente no constructor y curamos en la lámpara UV 2 min.

> Limpiamos las uñas de restos de gel y aplicamos aceite de cutículas.

TÉCNICA DE ARRASTRE

> Aplicamos una capa de gel rosa semitransparente.

> Dejamos actuar en la lámpara 1 min.

> Con un punzón ligeramente mojado en gel blanco ponemos dos gotas blancas separadas una de otra.

> Con un pincel fino de pelo largo arrastramos suavemente desde la parte central inferior de cada gota hasta la parte superior central dando una forma de hoja a las mismas.

 recuerda _____

Realizar estos dos últimos pasos a la mayor brevedad posible para que no se deslice el gel y se deforme. Si esto ocurriera, retirar el exceso y aplicar una capa fina de gel transparente y sin curar en lámpara y volver a repetir los dos pasos

> Curar en lámpara 2 min.

> Limpiar el exceso de gel que sobre en la uña.

> Con un esmalte base acuarela de punta fina y color verde, en este caso, trazamos una línea entre las hojas para dar la sensación de rama.

> Dejar secar al aire y, a continuación, sobre el mismo trazo verde, aplicar un esmalte de punta fina, de color plata y dejar secar al aire.

> Construir la uña con un gel constructor transparente dándole la forma deseada.

> Curar en lámpara 2 min.

> Pulir la uña.

> Aplicar el brillo final.

> DECORACIONES CON ENCAPSULADOS

La técnica de encapsulado se puede realizar tanto con gel como con acrílico. Es una técnica con la que podemos trabajar con todo tipo de materiales y conseguir diseños muy diversos según la imaginación. El encapsulado se puede realizar con brillantes u otros objetos (flores secas, papel de periódico, encaje, etc.).

Algunas de las técnicas de encapsulado son:

FRUTAS ENCAPSULADAS

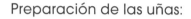

Preparación de las uñas:

1. Preparamos la uña natural para una puesta con gel.

2. Colocamos el molde y aplicamos una base con gel constructor transparente para cubrir la base de la uña y todo el largo de la extensión.

3. Curamos en lámpara UV 10 seg.

4. Pincelamos con gel constructor transparente en las zonas donde se desee aplicar la purpurina.

5. Con un pincel seco aplicamos la purpurina y curamos 10 seg.

PROCESO

1. Seleccionamos las frutas que vamos a encapsular.

2. Cubrimos con una capa fina de constructor transparente, colocamos las frutas y se cura en lámpara UV 10 seg.

3. Completamos la construcción de la uña con el mismo gel y volvemos a introducir las manos en la lámpara UV durante 2 min.

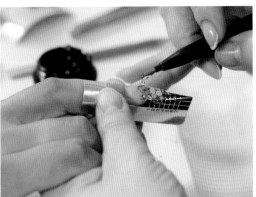

4. Retiramos cuidadosamente el molde.

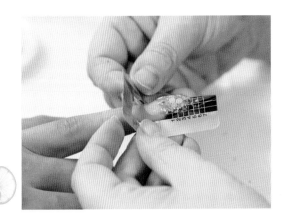

5.

Limpiamos la superficie de la uña para quitar los residuos y limamos suavemente.

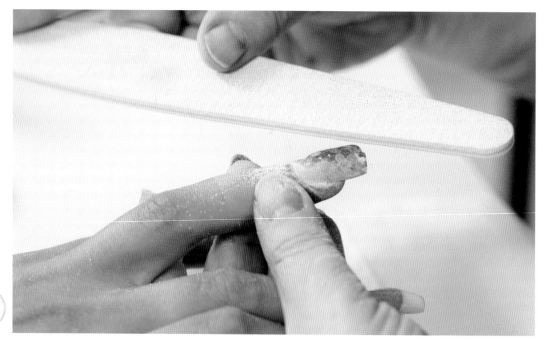

6.
A continuación se aplica una capa de gel sellador y se cura durante 2 min.

7.
Finalizamos aplicando aceite de cutícula.

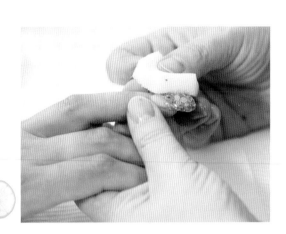

8.
Resultado final.

OTROS DISEÑOS CON FRUTAS

A las decoraciones con frutas se pueden añadir otros detalles, como por ejemplo, brillantes encapsulados.

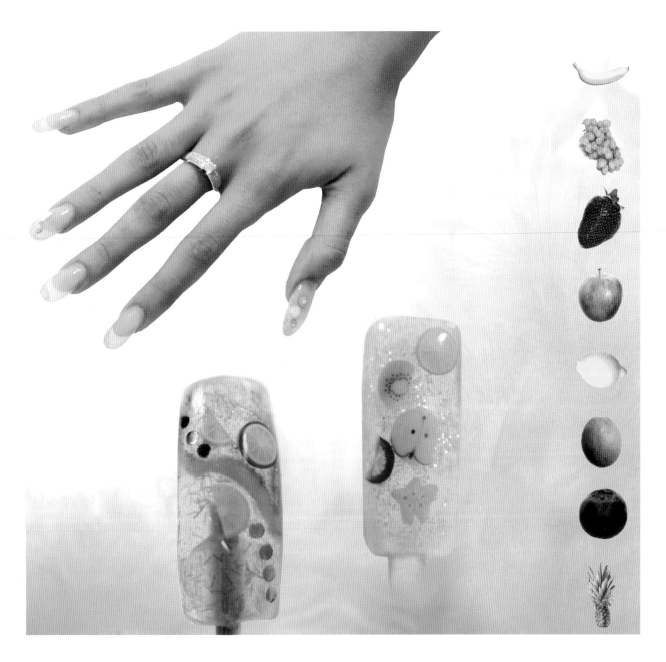

UÑAS EN ACRÍLICO CON FLORES ENCAPSULADAS

Preparación de las uñas:

1. Preparamos las uñas para la aplicación de acrílico.

2. Desinfectamos las manos de la clienta y las nuestras.

3. Empujamos cutícula; preparamos la placa de las uñas con lima 180 granos y la zona de cutícula con la fresa *smoll preper*; aplicamos deshidratador y seguidamente primer sin ácido; por último, procedemos a la aplicación de acrílico.

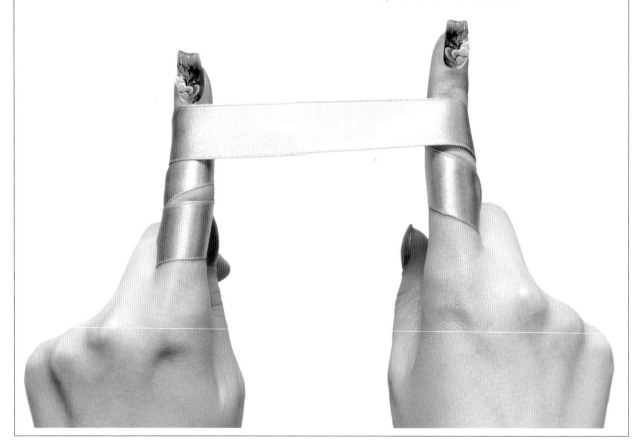

PROCESO

1. Fabricamos un lecho de color sobre el que realizaremos un diseño floral. La capa debe ser muy fina para cubrir la decoración sin que la uña quede demasiado gruesa.

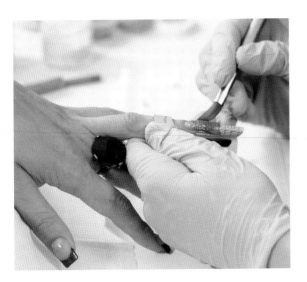

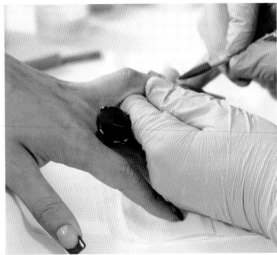

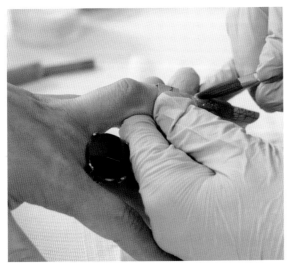

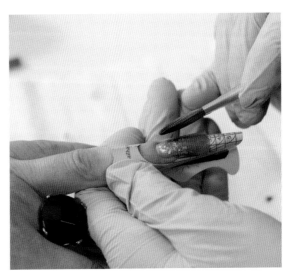

2. Retiramos el molde y con unas pinzas estrechamos la escultura para modificar la forma.

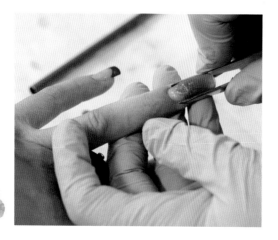

3. Damos forma a la curva "C".

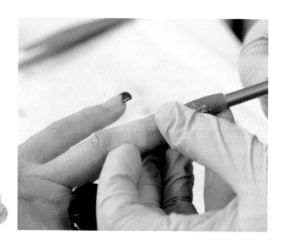

4. Una vez terminado el diseño lo cubrimos con acrílico transparente y procedemos al limado y una vez terminado aplicaremos aceite de cutículas.

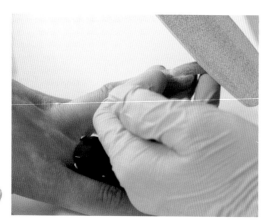

5. Limpiamos bien el polvo.

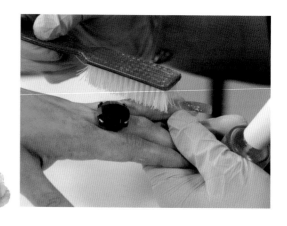

6. Aplicamos finalizador y aceite de cutículas.

7. Resultado final.

OTROS DISEÑOS CON FLORES ENCAPSULADAS

ENCAPSULADOS CON PAPEL DE PERIÓDICO

Preparación de las uñas:

Realizamos una decoración en el dedo índice y otra en el meñique. De la siguiente manera:

1. En el índice haremos la francesa con gel de color rojo y en el otro la pondremos con gel negro.

2. Dejamos secar en lámpara 2 min.

3. Sobre la francesa hacemos una línea con gel transparente y sin secar, pegaremos con la ayuda de un punzón los recortes de periódico de letras formando en la francesa roja la palabra "AMOR" y en la negra la palabra "ODIO".

4. Secamos en lámpara 2 min.

5. Construimos con gel la forma de la uña sobre la francesa con las letras de papel y dejamos secar 2 minutos.

6. Limpiamos el exceso de gel y pulimos la uña.

7. Aplicamos un brillo gel para sellar la uña y dejamos secar 2 min.

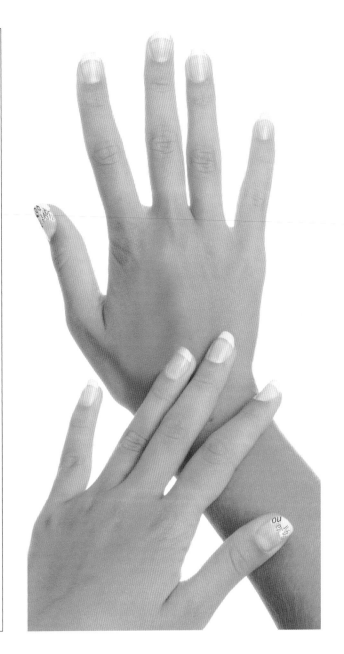

ENCAPSULADOS CON BRILLANTES

> Uñas de gel con encapsulado de papel de periódico y brillantes.

> Decoración muy espectacular, con brillantes encapsulados.

> Distintos modelos de uñas de gel con encapsulados de brillantes.

> Variante sobre una decoración de uña francesa. La "sonrisa" formando un triángulo
y el detalle de los brillantitos crean un conjunto muy armonioso.

> Uñas de gel para fiesta con trazos abstractos en tonos plateados con brillantitos.

> DECORACIÓN CON PINTURAS ACRÍLICAS

Esta técnica abre un gran abanico de posibilidades de decoración, desde niveles básicos hasta los más complejos.

En un nivel básico, podemos realizar trazos con líneas perfectas, curvas, curvas entre sí, punteados, efectos de degradado...

En niveles avanzados deberán manejarse varios tipos de pinceles para realizar técnicas más elaboradas y conseguir unos acabados espectaculares.

DISEÑO CON ACRÍLICO Y BRILLANTES ENCAPSULADOS

> Escultura en acrílico con francesa azul y flores también en acrílico en cuyo centro
lleva un brillante. La decoración de los trazos está realizada en gel.

OTROS DISEÑOS CON ACRÍLICO Y BRILLANTES ENCAPSULADOS

Este diseño tan espectacular se ha realizado de la siguiente manera:

PROCESO

1. Realizamos una construcción transparente y sobre ésta, con un pincel de punta fina, marcamos en la base de la uña un corazón con su punta mirando hacia el borde libre, que rellenamos con acrílico rosa porcelana.

2.

A continuación, cubrimos de acrílico blanco desde los límites del corazón hacia el borde libre.

3.

Sobre el diseño, con un pincel fino y pintura acrílica color negro realizamos el dibujo y repasamos los bordes en blanco para dar profundidad.

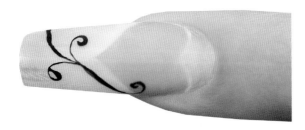

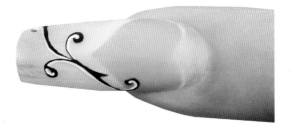

4. Hasta que llegamos a este resultado.

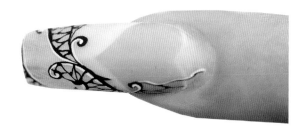

5. Colocamos unos brillantes sobre el dibujo para dar un toque especial al diseño.

6. Este sería el resultado final.

> DECORACIÓN CON *STILETTOS*

El *stiletto* es una técnica
de limado para acabar
una escultura con la que
se pueden hacer decoraciones
muy llamativas y vistosas.

La técnica 3D crea el efecto
óptico de volumen que
se consigue al realizar
la decoración en diferentes capas.

STILETTO CON GEL DE ÁMBAR Y TROQUELADO

1. Preparamos la uña natural para una puesta con gel.

2. Recortamos el papel troquelado.

3. Lo pegamos sobre el molde.

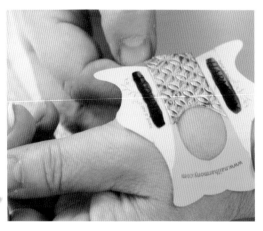

4. Aplicamos los moldes y ponemos una primera capa de gel transparente constructor sobre la uña y la extensión.

5. Curamos en la lámpara UV 2 min.

6. Sobre la extensión aplicamos 3 o 4 colores diferentes de ámbar.

7. Curamos en lámpara UV 2 min. y aplicamos el pan de oro cubriendo toda la uña con gel constructor transparente.

 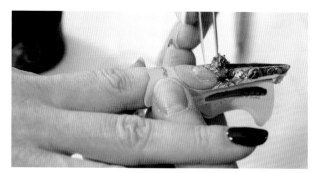

 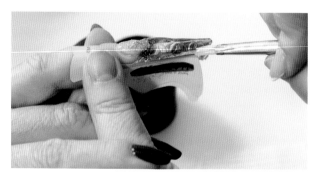

8. Eliminamos cuidadosamente el resto de gel.

9. Retiramos el molde y limamos para perfeccionar la forma.

10.
Finalizamos con gel sellador curándolo en la lámpara 2 min.

11.
Aplicaremos los cristales de Swarovski con resina en el lugar deseado.

12.
Resultado final.

STILETTO CON ACRÍLICO DE COLOR Y DECORACIÓN EN 3D

> Preparamos la uña natural para una puesta de gel.

> Con moldes construimos una uña de acrílico en dos tonos: rosa y fucsia en el borde libre.

> Una vez que hemos terminado la escultura con acrílico blanco realizamos las flores.

> Los brillantitos en el centro de la flor remata la decoración.

UÑAS ACRÍLICAS *STILETTO* FINALIZADAS CON MICROPINTURA

> Preparación de las uñas para la aplicación de acrílico.

> Desinfectamos nuestras manos y las de la clienta.

> Empujamos cutícula y preparamos el lecho de las uñas con lima 180 y la zona de cutícula con la fresa smoll preper. Limpiamos con un cepillo que se pueda desinfectar.

> Aplicamos deshidratador y después "primer" sin ácido.

> Procedemos a la colocación del molde y seguido realizaremos el stiletto. A continuación limamos y dejamos listo para realizar el trabajo de micropintura. Sellaremos con gel finalizador para una mayor durabilidad, y por último, aplicamos aceite de cutículas.

> OTRAS TÉCNICAS DE DECORACIÓN

Existen también otras técnicas en decoración muy espectaculares y llamativas como, por ejemplo:

UÑA EN ESPIRAL

Material necesario

> Acrílico.

> Pajita.

> Torno.

> Brillantes.

PROCESO

1. Con un empujador metálico retiramos la cutícula.

2. Con una lima 180/180 se prepara la uña natural.

3. Se aplica un tip cristal y se corta el diagonal.

4. Por debajo del tip se pega una pajita con una gotita de resina.

5. Se crea el cuerpo de la uña con un acrílico color natural, dejando marcada la línea de la sonrisa.

6. Con acrílico rojo, se aplica una bolita y se encaja la línea de la sonrisa.

7. Se van aplicando bolitas de acrílico rojo, dando la forma de espiral, hasta alcanzar el largo deseado.

8. Se deja unos minutos para que el acrílico se endurezca.

9. Con la ayuda de un alicate se retira cuidadosamente la pajita.

10. Con la ayuda del torno pasamos a limar la uña, sujetando siempre la espiral para no forzarla ya que se rompería.

11. Le pasamos una lima 180/180 para desvanecer las posibles ralladuras que haya ocasionado el torno y darle algo más de forma. Después pulimos.

12. Aplicamos un *top coat*.

DECORACIÓN CON AERÓGRAFO

Una nueva forma de decorar las uñas consiste en utilizar un aerógrafo. Dentro del aerógrafo se pone un esmalte común con una sustancia que lo hace más líquido y manipulable y para facilitar el proceso y eliminar posibles imperfecciones.

1. Sobre una escultura aplicamos gel de color verde como borde libre.

Guía de **decoración de uñas**

2. Añadimos decoración con gel con brillos plateados alrededor del verde.

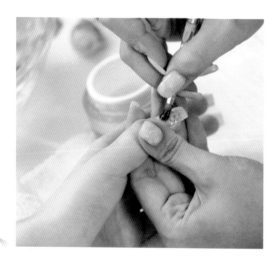

3. A continuación cubrimos con gel constructor transparente.

4. Sobre el gel, con un pincel fino y gel blanco, realizamos un diseño muy sencillo.

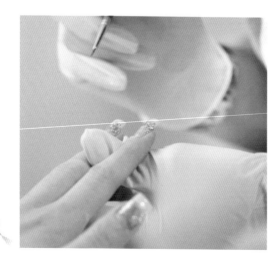

5.

Con un aerógrafo aportamos el toque final.

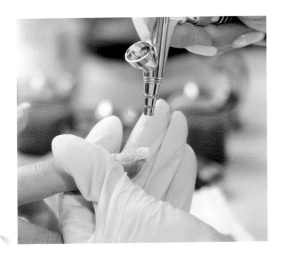

6.

Se aplica un molde con flores sobre la uña. Con el aerógrafo generamos un rocío de pintura rosa para cubrir las flores del molde.

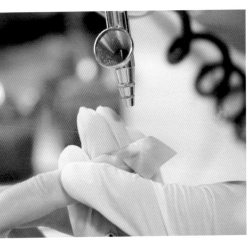

7.

Conseguimos este resultado.

4 MEZCLANDO TÉCNICAS: IDEAS PARA UN SINFÍN DE DISEÑOS

Las ideas no pueden estar supeditadas a la técnica que podremos aplicar y combinar de mil formas distintas como veremos en estas páginas. Te ofrecemos creaciones realmente innovadoras y espectaculares que te servirán como fuente de inspiración para tus propios diseños.

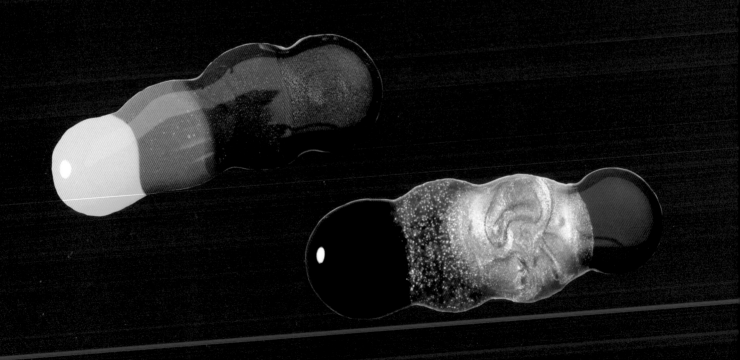

Nunca está
todo inventado...
no hay límites a
la imaginación

> Las uñas puede ser un importantísimo complemento en el conjunto de un maquillaje o creación de un estilo. El toque que completa este maquillaje es, sin duda, la decoración de las uñas.

> Las técnicas de decoración de uñas nos sirven también para crear complementos en armonía con las uñas, broches, sortijas y otros complementos.

> Francesa en rojo con fantasía floral.

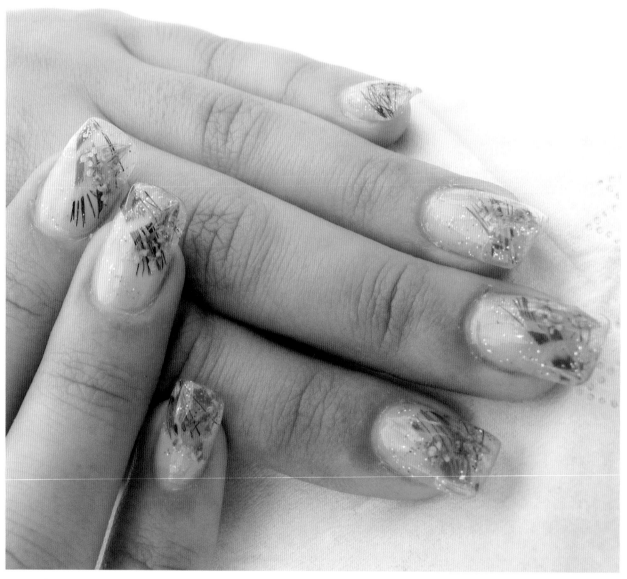

> Diseños con purpurina y flores.

DISEÑOS DE GEL CON TONOS PRIMAVERALES

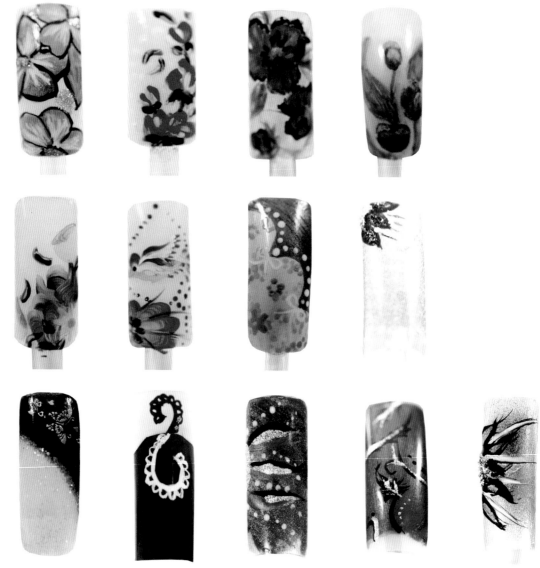

> ANIMALES

FELINOS DOMÉSTICOS Y SALVAJES

DISTINTOS DISEÑOS FELINOS QUE ARMONIZAN CON EL MAQUILLAJE

INSECTOS, PECES, PÁJAROS Y ANFIBIOS

> Un diseño atrevido…

> FORMAS Y FIGURAS

> Diseño muy original que hace del borde libre un corpiño.

ARMONÍAS EN AZULES

ARMONÍAS EN ROJO

> Escultura de uñas con decoración Zen. En todos los casos se ha realizado media luna y se ha combinado distintas técnicas en su decoración, siempre buscando la armonía entre sus colores.

ARMONÍAS EN ORO Y PLATA

> *STILETTOS...* PARA LAS MÁS ATREVIDAS

STILETTOS FLORALES

STILETTO ESPECIAL OTOÑO

STILETTO ESPECIAL INVIERNO

STILETTO ESPECIAL PRIMAVERA

STILETTO ESPECIAL VERANO

ESTILO DADAÍSTA

STILETTO PARA FIESTA

5 NOVIAS...
CREACIONES
MUY ESPECIALES

Cada novia tiene diferentes gustos
y algunas se decantan por la
de tamaño mediano, con diseños
que pueden ser clásicos, atrevidos
o muy sofisticados. Lo importante
es que ese día las manos
y las uñas estén perfectas.

El toque diferente que
la ocasión requiere.

> TRATAMIENTOS ESPECIALES PARA ANTES DE LA BODA

Es importante recalcar que, unos meses antes de la boda, se deben realizar distintos tratamientos para mejorar el aspecto de las manos y preparar adecuadamente las uñas: limar toda aspereza y corregir si hubiera alguna imperfección, además de usar una crema hidratante de día y de noche que ayude a mejorar la textura de la piel.

Si las manos tuvieran mucha sequedad se puede optar por un tratamiento de parafina y complementarlo con aceite de rosa mosqueta, con germen de trigo, o con otros productos que tengan la propiedad de regenerar la piel.

> Una propuesta elegante y sencilla. Uñas de gel estilo francesa en las que el borde libre, en vez de blanco, es plateado con purpurina.

> En cuanto al cuidado de los pies, una buena pedicura es fundamental,
sobre todo si la boda es en verano y se van a usar sandalias. La decoración
de las manos y los pies puede ser la misma para crear un conjunto armónico.

> CLÁSICAS CON *GLAMOUR*

> Como profesionales, debemos saber aconsejar a la futura novia cómo maquillar sus uñas. Es básico elegir un color de acuerdo con el vestido y optar por una decoración que vaya acorde con el estilo de cada una. Para las novias más convencionales, lo ideal es aconsejar una manicura francesa.

> Si deseamos dar un toque especial, se puede encapsular algún brillante, como se ha realizado en estas uñas de gel.

> Otro sencillo diseño para novia con manicura francesa y brillantes encapsulados en los colores del ramo.

> **>** También se puede realizar escultura de uñas con manicura francesa e incluir
> alguna decoración con el mismo blanco para crear un diseño sencillo y elegante.

> Otro modelo de uñas de gel con manicura francesa en el que se ha realizado la decoración
con el mismo gel blanco desde el borde libre. El diseño de ramas con un pequeño brillante
le da un toque más atrevido, aunque el resultado sigue siendo muy discreto y fácil de realizar.

> Un diseño más sofisticado. Uñas con extensiones de gel transparente. En el borde libre
se ha realizado una mezcla con tonos rosados transparentes y toques de plata y purpurina.

> Manicura francesa de gel con el borde libre blanco delimitado por una línea con purpurina plateada. En el anular se han realizado flores plateadas con pequeños brillantes encapsulados.

> Uñas de gel sobre el largo de la uña. La decoración es sencilla;
  las flores se han decorado en rosa y se ha encapsulado algún brillante en el gel.

> Uñas de gel con extensión decoradas con manicura francesa. La franja ancha en blanco
en el borde libre, delimitada por una fina línea en plata, aporta el toque especial a este diseño.

> Solución para una novia con uñas mordidas. Se ha realizado una pequeña extensión en francesa con gel en la que se ha encapsulado un brillante en el centro de cada flor.

> Uñas de gel con flores y brillantes encapsulados.

> Elegante decoración con flores en acrílico a juego con el bordado del vestido.

> DESDE LOS MÁS SENCILLOS A LOS MÁS ESPECTACULARES...

DECORACIÓN DE UÑAS DE NOVIA CON ESMALTE

Francesa con flores, trazos y cinta dorada

1. Realizamos la manicura francesa.

2. Aplicamos la cinta dorada antes de que la base se haya secado del todo.

3. Marcamos el centro de la flor en una esquina, pegado a la cutícula.

4. Trazamos los pétalos en blanco empezando por el central para dejar espacio a los otros dos.

5. Realizamos otra flor con pétalos triangulares.

6. Rellenamos los pétalos con un tono rosa más fuerte.

7. Por último, realizamos los trazos dorados para crear una conexión entre ambas flores.

8. Aplicamos brillo final para proteger la decoración.

Uñas de novia con flores

1. Esmaltamos la uña en tono porcelana.

2. Realizamos el centro de la flor

3. Hacemos los tres pétalos empezando por el central.

4. Dibujamos dos trazos dorados.

5. En el borde libre marcamos los tres centros de flores más pequeñas.

6. Realizamos los pétalos con puntos blancos.

7. Finalizamos siempre con brillo para proteger la decoración.

Uñas de novia con flores, cintas y trazos

1. Hacemos la manicura francesa.

2. Depositamos la cinta sobre el esmalte húmedo.

3. Marcamos los dos centros de las flores con puntos.

4. Pintamos los pétalos con dos técnicas diferentes.

5. Realizamos los trazos dorados.

6. Aplicamos el brillo protector para finalizar.

Uñas de novia con flor lateral y trazos

1. Esmaltamos la uña.

2. Marcamos el centro de la flor con un punto plateado.

3. Dibujamos los pétalos; primero los de un eje y luego los del otro.

4. Realizamos los trazos; primero los blancos y luego los plateados.

5. Finalizamos con la aplicación de brillo protector.

Uñas de novia con trazos

> En la decoración de las uñas
es muy importante la limpieza
del diseño y, en el caso de los
trazos, la precisión de un buen
pulso. Si no se tiene en cuenta
estos aspectos el más mínimo
fallo será muy evidente.

Diferentes uñas de novia con flores

> Sobre los esmaltados de base en tonos pastel, lilas, rosas, azules... se pueden realizar sencillos diseños. Los motivos en blanco, dorado o plateado son una apuesta segura.

> DISEÑOS DE IMPACTO

Una manicura con diseños es lo más aconsejable para las más atrevidas. También se usan mucho los adornos; los más destacados son los brillantes y la pedrería que, de acuerdo al gusto de cada novia, se pueden escoger entre una gran diversidad de opciones.

> No sólo las uñas pueden conjuntarse con el vestido;
  este espectacular diseño hace juego con los complementos de la novia.

> Una buena opción es elegir unas uñas acrílicas o de gel para este día tan especial. Utilizando productos de buena calidad, las uñas son muy naturales y ofrecen una ventaja adicional: su larga duración.

> Uñas de gel con dos diseños muy diferentes de decoración floral.

> Diseño de novia muy elaborado de uñas acrílicas con flores en tonos pastel.

PASO A PASO DE UN DISEÑO ESPECTACULAR. UÑAS ACRÍLICAS EN 3D PARA NOVIA

1. Desinfectar las manos de la profesional y de la clienta.

2. Preparación de la uña natural con lima 180/180.

3. Se retira el polvo con la ayuda de un cepillo.

4. Se aplica una capa de deshidratador.

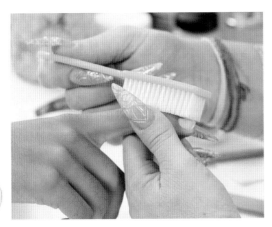

5.

Se aplica una fina capa de primer.

6.

Se coloca el molde.

7.

Con acrílico en tono rosado se forma la uña. Se alarga el lecho para crear una forma ovalada.

8.

Se retira el molde.

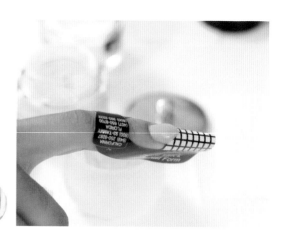

9.

Se pasa una lima pulidora.

10.

Se limpia la uña de posibles residuos de polvo.

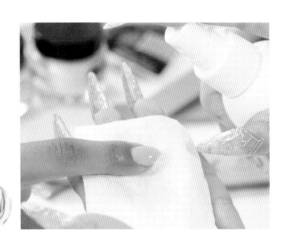

11.

Aplicación de top coat.

12.

Se monta un molde nuevamente con la uña finalizada para realizar la decoración.

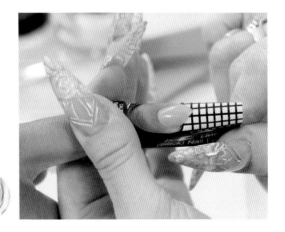

13. Con acrílico blanco se realiza la decoración encima del molde, montando unas hojas sobre otras.

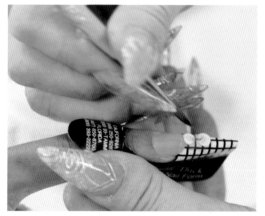

14. Continuamos con la decoración en 3D sobre el lecho de la uña.

15. Aplicamos resina en el punto donde vayamos a colocar la pieza de Swarovski.

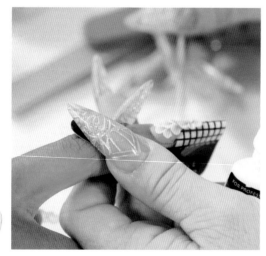

16. Uña acabada.

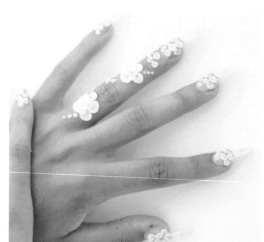

PASO A PASO DE UN DISEÑO CON ACRÍLICO Y ENCAPSULADOS

Proceso

> Este es un ejemplo de una decoración con francesa muy sencilla y elegante para novia. Esta realizado con un tip cuyo borde se ha rematado en forma de suaves ondas. Sobre este, se ha colocado una pegatina de *Chanel* que le da a esta decoración un toque final muy exclusivo y original.

Este tipo de uñas se pueden realizar con diferentes diseños de tips y pegatinas, lo que nos permite una amplia gama de acabados.

Proceso

1. Se ha realizado el lecho de la uña con acrílico cover la extensión con acrílico transparente con purpurinas.

2. Se ha dejado un hueco de unos 4-5 mm para formar la línea de la sonrisa en blanco y en el hueco se han colocado piezas de Swarovski.

3. Todo el trabajo está realizado con acrílicos cristal y se ha dado forma ovalada.

PASO A PASO DE UN DISEÑO CON GEL Y BRILLANTES ENCAPSULADOS

Proceso

1. Se aplica sobre una base de gel un tono porcelana y curamos en lámpara.

2. A continuación, con gel blanco y utilizando un pincel, se trazan las líneas en el borde libre y volvemos a curar en lámpara.

3. Con un palito aplicamos una gotita de gel transparente para pegar los brillantes que limitan el borde libre y otros un poquito mayores para decorar el resto de la uña. Para finalizar cubrimos con gel constructor transparente.

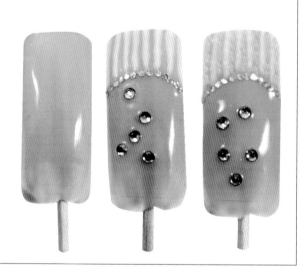

PASO A PASO DE UN DISEÑO ENCAPSULADO CON MALLA Y BRILLANTES

Proceso

1. Sobre la base de gel aplicamos dos colores, dividiendo la uña en dos mitades.

2. Colocamos la malla en la mitad de la uña de color porcelana.

3. Aplicamos una línea de brillantes para demilitar ambas mitades y, por último, finalizamos con gel transparente.

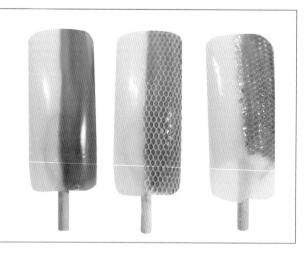

> Con estas mismas pautas se pueden realizar multitud de diseños.

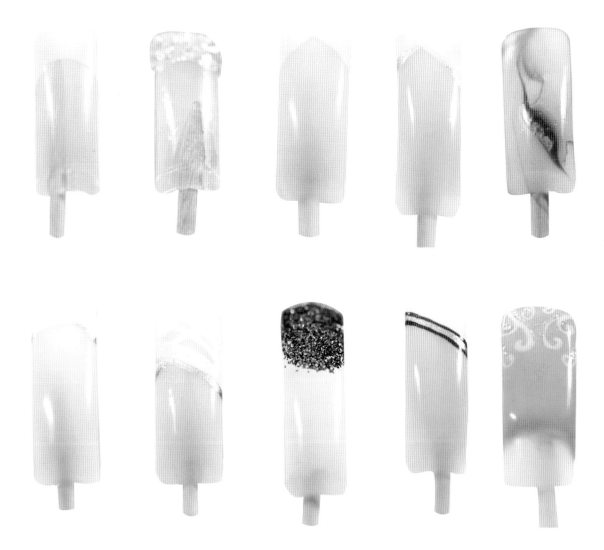

DISTINTOS MODELOS DE UÑAS DECORADAS CON ACRÍLICO Y BRILLANTES ENCAPSULADOS

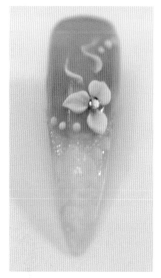

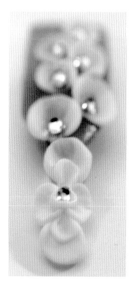

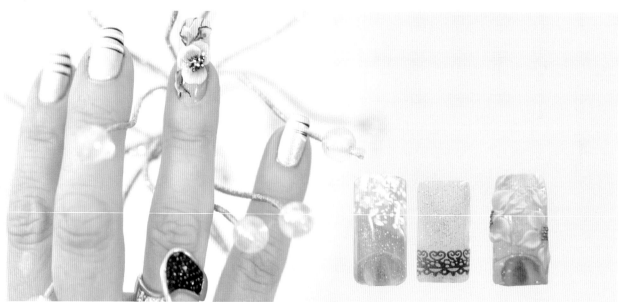

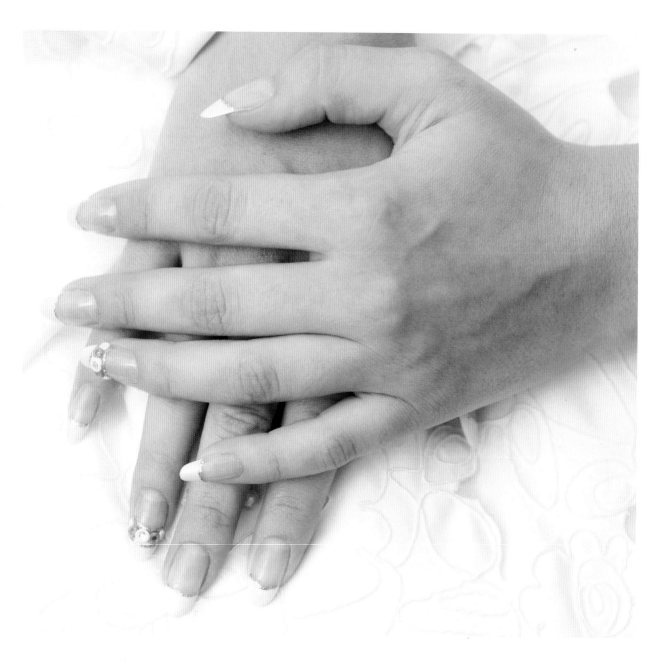

Guía de **decoración de uñas**

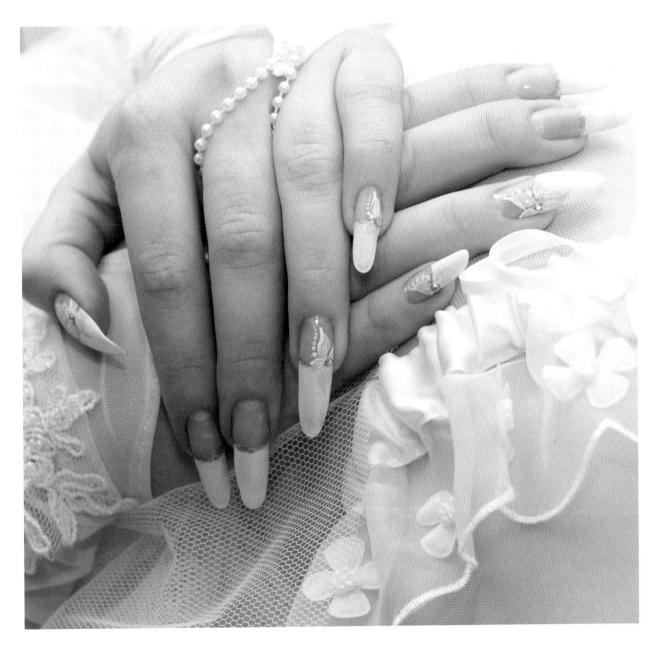